Yun Dong-ju

Himmel,
Wind,
Sterne
und Poesie

Yun Dong-ju

Himmel,
Wind,
Sterne
und Poesie

In ehrendem Gedenken an Professor Kih-Seong Kuh:

»Fragen Sie nicht so viel – lernen Sie es auswendig!«

Bibliografische Information der Deutschen Nationalbibliothek:
Die Deutsche Nationalbibliothek verzeichnet diese Publikation in
der Deutschen Nationalbibliografie; detaillierte bibliografische
Daten sind im Internet über http://dnb.dnb.de abrufbar.

© 2022 Matthias Adler-Drews (Übersetzer und Herausgeber)

Herstellung und Verlag: BoD – Books on Demand, Norderstedt

ISBN: 978-3-7568-4182-0

Vorgedicht

Möge es bis zum Tag, an dem ich sterbe,
nicht die geringste Schande geben,
wenn ich zum Himmel aufblicke.
Sogar unter dem Wind in den Blättern habe ich gelitten.

Mit einem Herzen, das die Sterne besingt,
will ich alles lieben, was sterben wird,
und den mir gegebenen Weg gehen.

Auch heute Nacht streift der Wind die Sterne.

20. November 1941

Selbstbildnis

Ich gehe um den Berg, suche alleine den abgelegenen Brunnen am
Rand des Reisfeldes auf und schaue schweigend hinein.

Im Brunnen scheint hell der Mond, die Wolken ziehen vorbei, der
Himmel breitet sich aus und es weht der blassblaue Wind –
es ist Herbst.

Und da ist ein Mann.
Ich wende mich ab, irgendwie hasse ich diesen Mann.

Als ich daran denke, wegzugehen, erregt dieser Mann mein Mitleid.
Ich kehre zurück und sehe nach, dieser Mann ist noch immer da.

Wiederum hasse ich diesen Mann und wende mich ab.
Als ich daran denke, wegzugehen, vermisse ich diesen Mann.

Im Brunnen scheint hell der Mond, die Wolken ziehen vorbei, der
Himmel breitet sich aus und es weht der blassblaue Wind –
es ist Herbst
und da ist ein Mann wie eine Erinnerung.

September 1939

Ein junger Mann

Hier und dort fällt der traurige Herbst Ahornblättern gleich tropfend herab. Der Frühling steht überall da bereit, wo die Ahornblätter abgefallen sind, und über den Ästen der Bäume breitet sich der Himmel aus. Wenn man in den ruhigen Himmel hinaufschaut, färbt er die Augenbrauen blau. Wenn man dann mit beiden Händen über die warmen Wangen streicht, sind auch die Handflächen blau befleckt. Ich schaue mir wieder meine Handflächen an. In den Linien meiner Hand fließt ein klarer Fluss, es fließt ein klarer Fluss und im Fluss ein trauriges Gesicht wie Liebe – es ist das schöne Gesicht von Sun-i. Der junge Mann schließt verzückt die Augen. Noch immer fließt der klare Fluss, das traurige Gesicht wie Liebe – es ist das schöne Gesicht von Sun-i.

1939

9

Eine schneebedeckte Landkarte

Am Morgen der Abreise von Sun-i fallen aus meinem sprachlosen Herzen große Schneeflocken, wie Traurigkeit bedecken sie die Landkarte, die sich draußen vor dem Fenster weithin ausbreitet. Niemand ist da, als ich mich im Zimmer umsehe. Wände und Decke sind weiß gestrichen. Schneit es etwa bis ins Zimmer? Kann es wirklich sein, dass Du so schnell wie eine verlorene Geschichte gegangen bist? Auch wenn ich die Worte, die vor der Abreise hätten gesagt werden sollen, nun in einem Brief niederschreibe, weiß ich doch nicht, wohin Du gehst, in welche Straße, welches Dorf, unter welches Dach. Wirst Du nur tief in meinem Herzen verbleiben? Deine Fußstapfen werden sofort wieder vom Schnee zugedeckt, ich kann ihnen nicht folgen. Wenn der Schnee schmilzt, werden überall, wo Du Deine Fußstapfen hinterlassen hast, Blumen blühen. Wenn ich zwischen den Blumen nach den Fußstapfen suche, schneit es in meinem Herzen während der ganzen zwölf Monate im Jahr.

12. März 1941

Der Abend, an dem ich zurückkam

Als kehrte ich aus der Welt zurück, komme ich jetzt zurück in mein beengtes Zimmer und lösche das Licht. Das Licht eingeschaltet zu lassen, ist für mich zu anstrengend. Das wäre für mich wie eine Verlängerung des Tages.

Mir ist, als müsse ich nun das Fenster öffnen, um frische Luft hereinzulassen. Als ich schweigend hinausschaue, ist es da genauso dunkel wie im Zimmer, mir scheint die Welt wie immer, aber der Weg, über den ich im Regen kam, ist noch immer nass.

Ich finde keinen Weg, den Groll des Tages abzulegen, aber als ich ruhig die Augen schließe, fließt ein Klang in mein Herz, und jetzt reifen die Gedanken ganz von selbst, als wären es Äpfel.

Juni 1941

Das Krankenhaus

Im Garten des Krankenhauses nimmt eine junge Frau, deren Gesicht vom Schatten eines Aprikosenbaums verdeckt ist, ein Sonnenbad. Ihre blassen Schenkel schauen unter ihrer weißen Kleidung hervor. Bis sich der Tag seinem Ende zuneigt, hat niemand – nicht einmal ein Schmetterling – dieser Frau, die ein Herzleiden haben soll, einen Besuch abgestattet. Nicht einmal der Wind weht durch den Aprikosenbaum, der keine Traurigkeit kennt.

Nachdem ich lange Zeit unter einem unbekannten Kummer gelitten hatte, kam auch ich zum ersten Mal hierher. Aber mein alter Arzt weiß nichts über die Krankheiten der jungen Leute. Er sagte mir, ich sei nicht krank. Diese übermäßig schwere Prüfung, diese unermessliche Erschöpfung darf mich nicht verbittern.

Die Frau erhebt sich von ihrem Platz, richtet ihren Kragen, heftet sich die Blüte einer Ringelblume vom Blumenbeet an ihre Brust und verschwindet in einem Krankenzimmer. Ich wünsche mir, dass die Gesundheit dieser Frau – aber auch meine eigene – bald wiederhergestellt ist, und lege mich dorthin, wo sie gelegen hat.

Dezember 1940

Ein neuer Weg

In den Wald jenseits des Baches
den Berg überschreitend ins Dorf.

Mein Weg, den ich sowohl gestern ging
als auch heute gehen werde –
ein neuer Weg.

Löwenzahn blüht und Elstern fliegen,
ein Mädchen geht vorbei und Wind kommt auf.

Mein Weg ist immer ein neuer Weg –
heute auch, morgen auch.

In den Wald jenseits des Baches
den Berg überschreitend ins Dorf.

10. Mai 1938

Straßen ohne Reklameschilder

Als ich am Bahnsteig der Haltestelle ankam,
war niemand da.

Alle waren nur Fremde,
Leute, die wie Fremde aussahen.

An keinem der Häuser gab es Reklameschilder,
kein Grund zur Sorge, ein Haus nicht zu finden.

Es gab keine leuchtenden elektrischen Schriftzeichen,
nicht in Rot,
nicht in Blau.

An jeder Ecke
brannten altmodische Gaslaternen.

Und nähme ich sie an der Hand,
all die guten Menschen,
all die guten Menschen,
kehrten Frühling, Sommer, Herbst und Winter
in ihre Reihenfolge zurück.

1941

Ein Morgen am Anbeginn der Zeit

Eines Morgens,
weder an einem Morgen eines Frühlingstages
noch am Morgen eines Tages im Sommer, Herbst oder Winter

blühte eine Blume
im fahlen Sonnenlicht.

In der Nacht davor,
in der Nacht davor
wurde alles bereit gemacht.

Die Liebe kommt mit einer Schlange,
das Gift mit einer kleinen Blume.

Noch ein Morgen am Anbeginn der Zeit

Weiß deckt der Schnee alles zu,
die Telegrafenmasten summen,
und ich höre die Worte des himmlischen Vaters.

Welche Offenbarung wird es sein?

Bald,
wenn der Frühling kommt,
begehe ich eine Sünde
und die Augen
öffnen sich mir.

Wenn Eva die Anstrengungen der Niederkunft vollbracht hat,
bedecke ich meine Scham mit einem Feigenblatt
und von meiner Stirn wird Schweiß rinnen.

31. Mai 1941

Bis der Tag anbricht

Bitte kleidet alle in Schwarz,
die sterben werden!

Bitte kleidet alle in Weiß,
die sterben werden!

Und lasst sie in einem einzigen Bett
ruhig schlafen.

Wenn sie weinen,
gebt ihnen Muttermilch!

Dann, wenn der Tag anbricht,
werden Trompeten erschallen.

Mai 1941

Schreckliche Stunden

Wer ist es, der mich ruft?

Im Schatten der breiten Blätter, die erstes Grün zeigen,
verbleibt mir hier noch etwas Atem.

Ich, der ich kein einziges Mal die Hand erhoben habe,
ich, der ich nicht einmal einen Himmel habe,
zu dem ich meine Hand erheben könnte.

Wo ist der Himmel, der über meinen einzigen Körper herrscht,
dass Du mich rufst?

Am Morgen meines Todes, wenn die Arbeit verrichtet ist,
fallen die Blätter herab, ohne traurig zu sein.

Ruf mich nicht mehr!

07. Februar 1941

Das Kreuz

Das Licht der Sonne folgte mir,
aber jetzt hängt es am Kreuz
oben auf der Spitze des Kirchturms.

Die Spitze des Turms ist so hoch,
wie könnte ich dort hinaufsteigen?

Auch ist kein Glockenklang zu hören,
pfeifend könnte ich herumlungern.

Wenn mir ein Kreuz gestattet wäre,
wie dem Mann, der litt,
dem gesegneten Jesus Christus,

ließe ich meinen Kopf hängen
und ich würde still
unter dem sich verdunkelnden Himmel
mein Blut, das wie eine Blume erblüht, vergießen.

31. Mai 1941

19

Der Wind weht

Woher weht der Wind
und wohin weht er?

Der Wind weht,
es gibt keinen Grund für mein Leid.

Sollte es keinen Grund für mein Leid geben?

Ich habe niemals eine Frau geliebt.
Niemals habe ich diese Zeiten betrauert.

Der Wind wehte ununterbrochen,
während ich auf dem Felsen stand.

Der Fluss floss ununterbrochen,
während ich auf dem Hügel stand.

02. Mai 1941

Eine traurige Verwandte

Sie hat ein weißes Handtuch um ihr schwarzes Haar geschlungen
und trägt weiße Gummischuhe an den rauen Füßen.

Eine weiße Jeogori-Jacke und ein Chima-Rock verhüllen ihre
traurige Gestalt,
ein weißer Gürtel ist fest um ihre schmale Taille gebunden.

September 1938

Mit geschlossenen Augen gehen

Kinder, die ihr euch nach der Sonne sehnt!
Kinder, die ihr die Sterne liebt!
Wenn es abends dunkel ist,
geht mit geschlossenen Augen!

Geht und sät die Samen in eurer Hand aus!
Wenn ihr mit den Zehen an einen Stein stoßt,
öffnet jäh eure geschlossenen Augen!

31. Mai 1941

Noch eine andere Heimat

In der Nacht, in der ich in die Heimat zurückkehrte,
folgten mir meine bleichen Knochen
und legten sich im selben Zimmer nieder.

Das dunkle Zimmer öffnete sich hin zum Weltraum,
und der Wind wehte wie eine Stimme vom Himmel.

Während ich in der Dunkelheit
meine zu Staub verwitterten, bleichen Knochen betrachte,
frage ich mich, wessen Tränen fließen.
Ob ich es bin, der weint? Ob meine bleichen Knochen weinen?
Ob es meine schöne Seele ist?

Ein treuer Hund
bellt die ganze Nacht hindurch.

Der in der Dunkelheit bellende Hund
wird der sein, der mich jagt.

Lass mich gehen, lass mich gehen!
Gehen wie ein Gejagter!
Lass mich die bleichen Knochen zurücklassen und
in eine andere, schöne Heimat gehen!

September 1941

Der Weg

Ich habe es verloren.
Was ich und wo ich es verloren habe, weiß ich nicht.
Beide Hände in den Taschen vergraben,
gehe ich weiter den Weg entlang.

Der Weg führt an einer Mauer entlang,
endlos folgt Stein auf Stein auf Stein.

Die Mauer, deren eisernes Tor fest verschlossen ist,
wirft einen langen Schatten auf den Weg.

Der Weg führt weiter, vom Morgen bis zum Abend,
vom Abend bis zum Morgen.

Wenn ich mich weinend an der Mauer entlangtaste
und nach oben schaue, ist der Himmel beschämend blau.

Ich laufe den Weg entlang, auf dem kein Büschel Gras wächst,
denn ich bleibe auf der anderen Seite der Mauer,
und dass ich lebe, rührt nur daher,
dass ich suche, was ich verloren habe.

31. September 1941

Sterne zählen in der Nacht

Der Himmel, an dem die Jahreszeiten vorüberziehen,
ist vom Herbst erfüllt.

Mir ist, als könnte ich ganz ohne Sorgen
alle Sterne des Herbstes zählen.

Der bald schon nahende Morgen ist der Grund dafür,
dass ich jetzt nicht alle Sterne zählen kann,
die sich einer nach dem anderen tief in meinem Herzen eingeprägt
haben.
Der Grund dafür ist, dass die Nacht morgen nachklingt,
dass meine Jugend noch nicht vorüber ist.

Einen Stern für Erinnerungen,
einen Stern für Liebe,
einen Stern für Einsamkeit,
einen Stern für Sehnsucht,
einen Stern für Poesie und
einen Stern für Mutter, Mutter.

Mutter, ich versuche, einem Stern jeweils ein einziges, schönes
Wort zu geben. Ich gebe ihnen die Namen der Kinder, mit denen
ich in der Grundschule an einem Tisch saß; die Namen der
Schülerinnen aus dem Ausland wie Bae, Gyeong oder Og; die
Namen der jungen Frauen, die bereits Mutter sind; die Namen der
armen Nachbarn; die Namen von Tauben, Hündchen, Kaninchen,
Maultieren oder Rehen, die Namen von Dichtern wie Francis
Jammes oder Rainer Maria Rilke.

Diese Personen sind so unglaublich weit weg.
Wie die Sterne, die unendlich weit weg sind.

Mutter,
und Du bist so weit weg in Nord-Gando.

Sehnsüchtig
schrieb ich meinen Namen
auf den Hügel, auf den das Licht der vielen Sterne fiel,
und bedeckte ihn wieder mit Erde.

Der Grund dafür ist, dass die ganze Nacht hindurch
brummende Insekten meinen schändlichen Namen betrauern.

Aber wenn der Winter vorüber ist, und der Frühling auch für
meinen Stern kommt,
wird auch auf dem Hügel, wo mein Name verborgen ist,
das Gras prahlerisch und üppig wuchern,
so wie der grüne Rasen auf den Gräbern sprießt.

05. November 1941

Gando ist die koreanische Bezeichnung für den von vielen Koreanern bewohnten Teil der Mandschurei.

Weiße Schatten

An der Straßenecke, wo sich das Dämmerlicht verdichtet,
erklingen die Schritte der sich verändernden Abenddämmerung,
wenn man sanft die vom langen Tag erschöpften Ohren spitzt.

War ich scharfsinnig genug,
um den Klang der Schritte zu hören?

Jetzt, da ich törichterweise alles begriffen habe,
schicke ich meine so vielen Ich,
mit denen ich mich so lange tief in meinem Herzen quälte,
eines nach dem anderen in ihre Heimat zurück:

Die weißen Schatten verschwinden geräuschlos
in der Dunkelheit an der Straßenecke.

Die weißen Schatten,
die weißen Schatten, denen ich in Liebe zugetan war.

Als ich all meine Ich fortgeschickt habe,
biege ich einsam in die Seitengasse ab
und kehre zurück in mein in Dämmerlicht getauchtes Zimmer.

Lass mich den ganzen Tag über sorglos grasen
aus tiefer Überzeugung wie ein gutmütiges Schaf.

14. April 1942

Schöne Erinnerungen

Eines Frühlingsmorgens an einem eher kleinen Bahnhof in Seoul
wartete ich auf einen Zug wie auf Hoffnung oder Liebe.

Ich warf kaum einen Schatten auf den Bahnsteig und
rauchte eine Zigarette.

Mein Schatten blies einen Schatten Zigarettenrauch aus,
ein Schwarm Tauben flog ohne Scheu in schneller Folge vorbei,
die Unterseiten ihrer Flügel vom Sonnenlicht beschienen.

Der Zug hatte mich ohne neue Kunde
aus der Ferne hergebracht.

Der Frühling ist fast vorüber,
in meiner ruhigen Unterkunft in einem Vorort von Tokyo
sehne ich mich danach, auf der alten Straße zu sein,
wie nach Hoffnung und Liebe.
Auch heute sind oft Züge ohne Bedeutung für mich
vorbeigefahren.

Auch heute treibe ich mich auf dem Hügel beim Bahnhof herum
und warte auf jemanden.
Ach, Jugend! Verweile lange Zeit!

13. Mai 1942

Fließende Straße

Düster fließt der Nebel. Die Straße fließt. Nun, wohin fließen all die Räder der Straßenbahnen und der Autos? Sie haben keinen Hafen, den sie anlaufen, sie sind mit vielen elenden Leuten beladen, die Straße ist im Nebel versunken.

Wenn ich am roten Briefkasten an der Straßenecke stehe, und mitten in diesem Fluss der Dinge die schwach leuchtende Straßenlaterne nicht verlischt, was bedeutet das dann? Mein lieber Freund Park! Und auch Kim! Wo seid ihr jetzt? Der Nebel fließt unendlich.

»Lasst uns am Morgen eines neuen Tages wieder traut einander an der Hand halten!«, schreibe ich und werfe die Zeilen in den Briefkasten. Und wenn ich die ganze Nacht hindurch warte, wird der Briefträger erscheinen, glänzend wie ein Hüne, das Dienstabzeichen voller goldener Knöpfe, eine heitere Aufwartung zum Morgen.

Diese Nacht fließt ununterbrochen der Nebel.

12. Mai 1942

Ein Gedicht, das mir zuflog

Abendregen flüstert vor dem Fenster,
mein sechs Tatami großes Zimmer – ein fremdes Land.

Ich weiß, es ist eine traurige Vorsehung, Dichter zu sein,
sollte ich also eine weitere Gedichtzeile schreiben?

Ich habe einen Umschlag
mit meinen Studiengebühren geschickt bekommen,
er riecht leicht nach Schweiß und Liebe.

Ich klemme mir meine Kladde unter den Arm
und gehe, um mir die Vorlesung des alten Professors anzuhören.

Wenn ich so überlege, habe ich die Freunde
meiner Kindheit alle einen nach dem anderen verloren.

Was habe ich mir erhofft,
und warum sinke nur ich allein auf den Grund herab?

Sein Leben zu führen, ist beschwerlich,
ich schäme mich dafür,
dass mir ein Gedicht so zufliegt.

Mein sechs Tatami großes Zimmer – ein fremdes Land,
Abendregen flüstert vor dem Fenster.

Ich mache das Licht an, vertreibe ein wenig die Dunkelheit und
warte während meiner letzten Atemzüge auf den Morgen, der wie
ein neues Zeitalter anbricht.

Ich strecke meine kleine Hand zu mir aus,
der erste Händedruck erfüllt von Tränen und Trost.

03. Juni 1942

Frühling

Der Frühling fließt wie ein Bach durch meine Adern,
murmelnd; auf dem Hügel nahe der Stadt
Forsythien, Azaleen, gelbe Kohlblüten.

Ich habe die Winterzeit ertragen
und sprieße wie ein Büschel Gras.

Ach, heitere Lerchen!
Steigt fröhlich auf, an welchem Feldrain ihr auch seid!

Der blaue Himmel
so schwindelerregend hoch ...

Bekenntnis

Im von Grünspan verschmutzten Kupferspiegel
ist noch immer mein Gesicht.
Wegen welches dynastischen Überbleibsels
bin ich solch eine Schande?

Lasst mich mein Bekenntnis in einem Satz zusammenfassen:
Welche Freude hat mich die vergangenen vierundzwanzig Jahre
und einen Monat lebendig gehalten?

Morgen, übermorgen, eines heiteren Tages
werde ich noch einen Satz meines Bekenntnisses niederschreiben:
Warum machte ich in so jungen Jahren
solch ein beschämendes Eingeständnis?

Lass mich Nacht für Nacht meinen Spiegel
mit meinen Handflächen, mit meinen Fußsohlen polieren!

Dann wird im Spiegel
die Rückansicht einer traurigen Person erscheinen,
die allein unter einem Meteoriten fortgeht.

24. Januar 1942

Die Leber

Auf einem sonnenbeschienenen Felsen am Meer
lass mich meine Leber zum Trocknen ausbreiten!

Wie der Hase, der aus den Bergen des Kaukasus flüchtete,
lass mich um meine Leber kreisen und über sie wachen.

Du ausgezehrter Adler, den ich so lange aufzog!
Komm und friss davon ohne Besorgnis!

Du musst fett werden,
ich mager, dennoch ...

Schildkröte!
Nie wieder werde ich den Versuchungen des Drachenpalastes
nachgeben!

Prometheus, bedauernswerter Prometheus!
Prometheus,
der wegen seiner Schuld, das Feuer zu stehlen,
mit einem Mühlstein um den Hals ewiglich versinkt.

29. November 1941

*Hase und Schildkröte sind Figuren aus dem Sugungga, einer der fünf verbliebenen
Geschichten des Pansori, einer epischen Gesangsform in Korea. Die Geschichte spielt
im unterseeischen Reich des Drachenkönigs, dessen tödliche Krankheit nur mit der
Leber eines Hasen geheilt werden kann. Eine loyale Schildkröte geht an Land und
nach einer Reihe von Abenteuern gelingt es ihr mit einer List, einen Hasen ins Reich
des Drachenkönigs zu locken. Der Hase erkennt, dass er überlistet wurde und ihm
wegen seiner Leber der baldige Tod droht. Also greift er selbst zu einer List, er erzählt
dem Drachenkönig, dass seine Leber so kostbar sei, dass sie sofort gestohlen würde,
wenn man den Hasen schlachtete. Der König befiehlt daraufhin der Schildkröte, den
Drachen weit weg an Land zu töten. Dort entkommt der Hase, der sich über den
naiven König lustig macht, aber auch die Loyalität der Schildkröte bewundert.*

Trost

Eine Spinne spann in bösartiger Absicht ihr Netz zwischen das Geländer und das Blumenbeet im Hinterhof des Krankenhauses, wohin kaum jemand seinen Fuß setzte. Ein junger Mann, der sich draußen Erholung suchend hingelegt hatte, konnte ungehindert darauf blicken.

Ein Schmetterling, der in den Blumen umherflog, geriet ins Netz. Der wild mit seinen gelben Flügeln schlagende Schmetterling verfing sich nur noch mehr. Die Spinne kam blitzschnell herbei, spann einen endlos langen Faden und wickelte den Schmetterling darin ein. Der Mann stieß einen langen Seufzer aus.

Mir fehlten die Worte, um diesen Mann zu trösten, der in jungem Alter krank geworden und zu seinem Ende hin zahllose Qualen litt, als einzigen Trost zerstörte ich das Spinnennetz.

03. Dezember 1940

Acht Seligpreisungen

Matthäus 5, 3 – 12

Selig sind, die da trauern.
Selig sind, die da trauern.
Selig sind, die da trauern.
Selig sind, die da trauern.
Selig sind, die da trauern.
Selig sind, die da trauern.
Selig sind, die da trauern.
Selig sind, die da trauern.

Sie werden ewig trauern.

Schlaflose Nächte

Eins, zwei, drei, vier ...
Solche Nächte
gibt es wirklich viele.

Wie der Mond

In einer stillen Nacht, wenn der Mond zunimmt
wie wachsende Jahresringe,
wächst die Liebe wie der einsame Mond,
wie Jahresringe in meinem Herzen
bis zur Erschöpfung.

September 1939

Pfefferschotenfeld

Zwischen verdorrten Blättern
zeigen sie ihr rotes Fleisch,
die Pfefferschoten reifen in der Sonne
wie ein Mädchen, das seine Blüte erreicht.

Am Ende des Ackerrains
geht eine Großmutter mit einem Korb entlang.
Ein Kind, das am Daumen lutscht,
trottet der Großmutter hinterher.

26. Oktober 1938

Impressionistisches Bild meines jüngeren Bruders

Auf seiner geröteten Stirn stand das frostkalte Mondlicht,
das Gesicht meines Bruders ergibt ein trauriges Bild.

Ich brachte ihn zum Stehen
und ergriff verstohlen zärtlich seine Hand.
»Was willst du einmal werden, wenn du groß bist?«
»Ein Mensch«,
so die traurige, wahrlich traurige Antwort meines Bruders.

Ich ließ seine heimlich ergriffene Hand los
und schaute wieder das Gesicht meines Bruders an.

Das frostkalte Mondlicht stand feucht auf seiner geröteten Stirn,
das Gesicht meines Bruders ergibt ein trauriges Bild.

15. September 1938

Palast der Liebe

Ach Sun, wann bist Du in meinen Palast gekommen?
Und wann ich in Deinen?

Unser Palast
war ein Palast der Liebe, wo althergebrachte Sitten herrschen.

Ach Sun, schließe wie ein Reh Deine kristallklaren Augen!
Ich werde wie ein Löwe meine zerzauste Mähne pflegen.

Unsere Liebe war bloß eine stumme Liebe.

Bevor die heiße Flamme auf dem heiligen Kerzenhalter verlöscht,
ach Sun, eile durch meine Vordertür hinaus!

Bevor sich Dunkelheit und Wind am Fenster treffen,
werde ich in ewiger Liebe
durch die Hintertür weit weg entschwinden.

19. Juni 1938

Das Wunder

Sollte ich mir den Schmutz von den Füßen waschen
und auch versuchen, leichten Schrittes über den See zu gehen,
so wie es die Dämmerung tut?

Es ist in der Tat ein Wunder,
dass es mich zu diesem See drängte,
obwohl mich niemand gerufen hatte.

Heute spiele ich
mit Liebe, Eitelkeit, Eifersucht, mit all dem
wie mit einer goldenen Medaille.

Aber ich schätze, dass ich das alles
gewissenhaft in den Wellen abwaschen werde.
Du, ruf mich hinaus auf das Wasser!

15. Juni 1938

Eine regnerische Nacht

Wumms!
Das Donnern der Wogen zerschellt am Rahmen der Schiebetür
und bringt die Träume meines sanften Schlafes durcheinander.

Mein Schlaf wird wie von einer Herde Wale gestört,
mir gelingt es nicht, mich zu beruhigen.

Ich schalte das Licht ein, richte sorgfältig meinen Schlafanzug.
Mitternacht.
Herzenswunsch.

Ich wünschte, dass Gangnam, Land meiner Sehnsucht,
nicht wieder überflutet wird,
ich fühle mich einsamer,
als wenn ich Heimweh nach dem Meer verspüre.

11. Juni 1938

Gebirgswasser

Ein Leidender! Ein Leidender!
Auch in den Wellen der Kleidersäume
fließt das Quellwasser sich kräuselnd in der Tiefe meines Herzens.
Doch heute Abend ist niemand da, mit dem ich reden könnte.
Auch kann ich mit dem Straßenlärm nicht mitsingen.

Als hätte ich mich versengt, sitze ich am Ufer,
Liebe und Arbeit habe ich mit einem Strohseil an der Straße
festgebunden.
Ruhig, ruhig,
will ich ans Meer gehen,
will ich ans Meer gehen.

Vermächtnis

In einem dämmrigen Zimmer
ein Vermächtnis aus fast stimmlosem Mund.

Mein Sohn, der ans Meer gegangen sein soll,
um nach Perlen zu tauchen,
mein erstgeborener Sohn,
der sich in eine Taucherin verliebt haben soll,
schaut nach, ob er heute Abend zurückkommt!

Die letzten Stunden des Vaters,
der sein ganzes Leben über einsam war,
Kummer lässt seine sich schließenden Augen tränen.

In einem abgelegenen Haus bellt ein Hund,
eine Nacht, in der das Mondlicht hell und kalt
durch den Spalt der Schiebetür fließt.

24. Oktober 1937

Das Fenster

Immer in den Pausen
gehe ich ans Fenster.

Fenster sind lebendiger Unterricht.

Bitte schüre ein glühend heißes Feuer,
in diesen Raum zieht Kälte ein.

Ein einzelnes Ahornblatt
fällt in einer Spirale herab,
vielleicht wegen eines kleinen Windwirbels.

Wenn das Sonnenlicht hell
auf die kalte Fensterscheibe scheint,
wird dennoch alsbald die Schulglocke läuten.

Oktober 1937

Das Meer

Der Meereswind
trägt Gischt mit sich und Kühle.

Die Spitzen aller Kiefernzweige
sind ganz verdreht und zur Seite gebogen.

Das Meer drängt herein
und wird hinausgedrängt.

Eine Welle höher als der Damm
erscheint wie ein Wasserfall.

Kinder versammeln sich am Meer,
waschen sich mit dem überlaufenden Wasser die Hände
und rennen herum.

Das Meer wird immer trauriger.
Unter dem Kreischen der Möwen …

Das Meer heute bei einsetzender Ebbe,
es schaut wieder und wieder zurück!

September 1937

Der Biro-Gipfel

Ich schaue hinab
auf die Mansang-Felsen.

Mir schlottern
die Knie.

Eine Birke
jung alt geworden.

Ein Vogel
wird zum Schmetterling.

Eine echte Wolke
wird zu Regen.

Meine Kleidung
ist kalt.

September 1937

Der Biro-Gipfel (Birobong) ist mit 1.638 m der höchste Berg des Geumgang-Gebirges und bekannt für die Felsformation Mansang (»10.000 Bildnisse«).

Nachmittag im Gebirgstal

Mein Lied ist eher
ein trauriges Dröhnen des Berges.

Der Schatten,
der auf den Weg im Tal fällt,
ist zu traurig.

Meine Gedanken am Nachmittag ...
Ach, ich bin schläfrig!

September 1937

Gedanken

Meine Haarsträhnen stehen ab wie Dachvorsprünge einer Hütte,
beim Pfeifen kitzelt mein Nasenrücken missfällig.

Meine Augen sind leicht geschlossen wie Kippfenster,
an diesem Abend sickert die Liebe herein wie die Dunkelheit.

20. August 1937

Platzregen

Blitz, Donner, es stürmt und peitscht,
ein Blitzschlag scheint fern in der Stadt eingeschlagen zu haben.

Vom Himmel, der wie ein nach oben gekehrter Tuschestein ist,
prasselt unablässig der Regen wie Pfeile herab.

Mein Garten, nur so groß wie meine flache Hand,
ist zu einem See geworden, umwölkt wie mein Herz.

Der Wind dreht sich wie ein Spielzeugkreisel.
Die Bäume können ihre Wipfel nicht zusammenhalten.

Mein frommes Herz ist geladen,
einen Schluck des Himmels aus Noahs Zeiten zu nehmen.

09. August 1937

Das Thermometer

Ein Thermometer am Hals an einen kalten Marmorpfeiler
gebunden,
eine Quecksilbersäule in einer Höhe von fünf Fuß und sechs Zoll,
deren dünne Taille das Schicksal hat,
unerwartet betrachtet werden zu können,
das Herz ist klarer als ein Glasröhrchen.

Ein Tier, der vorherrschenden Meinung nach nervös,
mit einfachen Blutgefäßen,
verschwendet von Zeit zu Zeit seine Energie damit,
den sich wie in einem Springbrunnen bildenden Speichel
krampfhaft herunterzuschlucken.

Idealer als im kalten Winter,
in dem es in Su-dols Zimmer unter null Grad werden kann,
scheint mir der Schulhof im August zu sein, wenn die
Sonnenblumen in voller Blüte stehen,
an einem Tag, der das Blut zum Kochen bringt ...

Gestern gab es einen Platzregen, heute ist das Wetter schön.
»Geh in luftiger Kleidung in die Hügel, in die Wälder!«,
flüsterte ich mir leise, leise selbst ins Ohr.
Es war mir nicht einmal selbst bewusst ...
Irgendwie bin ich im Einklang mit der wirklichen Jahreszeit des
Jahrhunderts ...
Ich laufe weg aus der Umzäunung,
von wo nur der Himmel zu sehen ist,
und betrachte meinen Platz, als sei er Geschichte.

01. Juli 1937

Landschaft

Das grüne Meer unter der Frühlingsbrise
scheint gefährlich, so als wolle es überfließen, überfließen.

Die Wellen, wie wogender Stoff der Fältchen eines weiten Rocks,
sind so unbeschwert, als würden sie sich zusammenfalten.

Die rote Flagge an der Spitze des Mastes
weht wie das Haar einer Frau.

Wie ich so an dieser Landschaft vorbeigehe, sie hinter mir lasse,
möchte ich den ganzen Tag weiterschlendern.

Unter dem trüben Maihimmel
zum Hügel, der über und über mit Meeresfarben bestickt ist.

29. Mai 1937

Mondnacht

Die weißen Wellen des strömenden Mondlichts verdrängend
laufe ich über die Schatten der dünnen Bäume.

Mein Schritt in Richtung des Bugmang-Berges ist schwer,
mein Herz – von Einsamkeit begleitet – ist wahrhaft traurig.

Mir scheint, auf dem Friedhof sei jemand, aber da ist niemand,
nur die Stille wird hier und da von einer weißen Welle benetzt.

15. April 1937

*Der Bugmang-Berg (Bugmangsan, chin. Mangshan) in der chinesischen Provinz Henan
ist für seine Grabanlagen bekannt.*

Markt

Früh am Morgen versammeln sich die Frauen
wie immer auf dem Markt,
sie tragen Körbe, die mit ihrem betrüblichen Leben gefüllt sind ...
auf dem Rücken ...
an der Hand ...

Sie breiten schwach ihre armseligen Leben aus,
werden geschoben und herumgedrängt ...
eine jede schreit um ihr Leben ... kämpft.

Sie messen ihre kleinen Häufchen Leben ab,
wiegen ab, schätzen,
wenn es dunkelt, gehen die Frauen wieder fort,
ihre bitteren Leben getauscht habend.

Frühling 1937

Nacht

Der Esel im Stall
brüllt klagend seinen Schrei: »I-ah!«

Wegen des Eselschreies
erschrickt der Säugling und erwacht: »U-wah!«

Zünde das Öllämpchen an!

Der Vater gibt dem Esel
eine Forke Stroh.

Die Mutter gibt dem Säugling
die Brust.

Die Nacht schläft wieder ruhig ein.

März 1937

Die Abenddämmerung versinkt im Meer

Auch dieser Tag versinkt,
versinkt schwebend in den dunkelblauen Wellen.

Oh! Was ist dieser Schwarm Fische,
der über das gefärbte Meer fliegt?

Seetang, der zu fallendem Laub wurde,
der ganze Seetang ist so traurig.

Das klare, reine Bild der Landschaft hängt im westlichen Fenster.
Die Unnahbarkeit eines Waisenkindes,
das am Schnürband seiner Kleidung nagt.

Ich habe mich jetzt dazu entschlossen,
auf Jungfernfahrt zu gehen,
und liege doch nur faul auf dem Boden des Zimmers herum,
liege herum.

Die Abenddämmerung versinkt im Meer
und auch heute sind da zahlreiche Boote,
die mit mir in den Wellen untergegangen sein werden.

Januar 1937

56

Der Morgen

Wusch, wusch, wusch!
Der Schwanz des Rindes vertrieb
die Dunkelheit mit sanften Schlägen.
Stockdunkel, die Finsternis war tief, bevor es dämmerte.

Jetzt ist der Morgen in diesem Weiler so üppig
wie das Hinterteil des Rindes, das vom Gras dick geworden ist.
Die Bewohner des Weilers, die sich von Bohnenbrei ernähren,
vergossen Schweiß, als sie diesen Sommer die Felder bestellten.
Auf Blatt und Blatt, auf allen Grashalmen standen Schweißtropfen.

Wieder und wieder atme ich tief
diesen unschuldigen Morgen ein.

1936

Wäsche

An beiden Beinen von der Wäscheleine herabhängend
flüstern am Nachmittag die weißen Wäschestücke einander
Geschichten ins Ohr.

Die sengende Julisonne hängt regungslos
gerade über der sauberen Wäsche.

1936

Zerstörter Traum

Ich erwachte aus dem Schlaf,
aus friedlich dunstigem Nebel.

Die singende Lerche
entkam und flog davon,

es ist keine Wiese aus Koreagras,
wo sie ihre Frühlingsweise aus alten Zeiten sang.

Der Turm ist eingestürzt,
der Turm meines roten Herzens ...

Der Turm aus Marmor,
in den ich etwas mit dem Fingernagel ritzte ...
In der abendlichen Sturmböe blieb ihm keine Wahl.

Ach, das Feld ist total verwüstet,
welch Tränenvergießen und Schluchzen!

Der Traum ist zerstört,
der Turm ist eingestürzt.

27. Juli 1936

Bergwald

Wenn das Ticken der Uhr meine Seele begleitet,
ruft der Bergwald mein unruhiges Herz.

Der dunkle, abgelegene Bergwald hat sich in tausend Jahren
aus Jahresringen gebildet,
er wird wohl das Schicksal ertragen,
meinen völlig erschöpften Körper zu umfangen.

Von oberhalb der schwarzen Wogen des Bergwaldes kommt die
Finsternis,
die mein junges Herz verwüstet,

und der Abendwind, der rauschend die Blätter schüttelt,
lässt mich vor Furcht erzittern.

In der Ferne quaken die Frösche des frühen Sommers,
verblasst ist die Vergangenheit ehemaliger Dörfer.

Nur die zwischen den Bäumen funkelnden Sterne
führen mich zur Hoffnung auf einen neuen Tag.

26. Juni 1936

An einem solchen Tag

Am Tag, an dem an den Spitzen der beiden einander freundlich
gesinnten Steinsäulen des Haupttores
die Flagge in den fünf Farben und die Flagge mit der aufgehenden
Sonne tanzen,
frohlocken die Kinder in dem von einer Grenze durchzogenen
Landstrich.

Wegen des an diesem Tag trockenen Unterrichtsstoffes
stellt sich bei den Kindern die pure Langeweile ein,
denn ihr Gemüt ist noch zu schlicht,
um die Bedeutung des Wortes »Widerspruch« verstehen zu
können.

An einem solchen Tag
möchte ich den eigensinnigen Freund aufsuchen,
den ich verloren habe.

10. Juni 1936

Gemeint sind die Flaggen von Mandschukuo und Japan.

Auf dem Berg

Als ich auf dem Berg ankam,
sahen die Straßen wie ein Baduk-Spielbrett aus
und das Wasser des Flusses wand sich wie eine junge Schlange.
Noch immer werden die Leute
wie hingeworfene Baduk-Spielsteine sein.

Die Mittagssonne
spiegelt sich nur auf den Blechdächern,
und eine im Schneckentempo fahrende Eisenbahn
hält am Bahnhof, stößt schwarzen Rauch aus
und fährt zockelnd wieder los.

Von Sorge erfüllt, dass das Himmelszelt zusammenstürzt
und diese Straßen unter sich begräbt,
möchte ich zu einer noch höheren Stelle aufsteigen.

Mai 1936

Ein sonniger Ort

Eine Frühlingsbrise mit gelbem Löß beladen
dreht sich wie ein mandschurisches Spinnrad und zieht vorbei.

Die ausgestreckte Hand der strahlenden Aprilsonne
berührt schwermütig die traurigen Seelen derer,
die an der Wand lehnen.

Die beiden Kinder, die das Landkarten-Spiel spielen
und gar nicht wissen, in welchem Land sie sind,
beklagen sich darüber, dass die Spanne ihrer Finger so kurz ist.

Halt! Dass zudem der oberflächige Friede nicht zerbrechen möge!

Juni 1936

Hühner

Über dem zwei Schritte messenden Hühnerstall erstreckte sich der
blaue Himmel,
aber die Hühner,
die ihre Freiheit und ihre Heimat verloren hatten,
verfluchten ihr betrübliches Leben
und wetterten über die Mühen ihrer Arbeit.

Die ausländischen Leghorn-Hühner
stürmten aus dem düsteren, kalten Hühnerstall.
An einem hellklaren Nachmittag im März
entfernte sich eine Schar sogar vom Schulgelände.

Die Hühner waren damit beschäftigt,
mit ihren beiden grazilen Beinen im tauenden Mist zu scharren
und ihre hungrigen Schnäbel zu füllen.
Bis ihre Augen rot schienen …

Frühling 1936

Herz (1)

Eine stille Trommel,
ich versuche, sie mit der Faust zu schlagen,
wenn ich mich deprimiert fühle.

Selbst wenn ich es versuche,
ach!, kommt nicht mehr als ein Seufzer.

25. März 1936

Herz (2)

Tief ist die Winternacht,
in der ich umhergehe und das Holzkohlebecken umarme,
in dem das Feuer ausgegangen ist.

Mein Herz, von dem nur Asche geblieben ist,
erzittert beim Geräusch des Papiers,
das in die Fensterritzen gestopft wurde.

24. Juli 1936

Die Tauben

Sieben kleine Wildtauben,
so süß, dass ich sie in den Arm nehmen möchte.
An einem Sonntagmorgen, so klar, dass man glaubt,
das Ende des Himmels sehen zu können,
auf dem trockenen Feld, wo der Reis geerntet wurde,
streiten sie um ihren Anteil Futter
und erzählen einander Geschichten über schwere Zeiten.

Zwei Tauben
bewegen mit ihren geschmeidigen Flügeln die ruhige Luft
und fliegen davon.
Mir scheint, als seien ihnen ihre Jungen zu Hause eingefallen.

10. März 1936

Abenddämmerung

Durch den Spalt in der Schiebetür
schreibt das Sonnenlicht das lang gezogene Schriftzeichen für
»eins« ... und löscht es wieder ...

Eine Schar Krähen fliegt ständig über das Dach,
zwei, wieder zwei, drei, dann vier.
Flatternd, zuckend am nördlichen Himmel.

Und ich ...
ich möchte meine Flügel am nördlichen Himmel ausbreiten.

25. Februar 1936

Südlicher Himmel

Die Schwalben haben zwei Flügel.
Ein düsterer Herbsttag …

An einem Abend, der Frost mit sich bringt,
fliegt eine junge,
sich nach der Umarmung der Mutter sehnende Seele
mit nur einem Flügel Heimweh
am südlichen Himmel umher.

Oktober 1935

Blauer Himmel

An diesem Sommertag
schwankten die leidenschaftlichen Pappeln
und breiteten ihre Arme aus,
um den blassen Busen des notleidenden blauen Himmels
zu liebkosen.
Unter dem zeltartigen Himmel
an einer schmalen Stelle mit Schatten unter der sengenden Sonne
zogen Wolken tanzend vorbei, brachten Platzregen,
dann Blitze mit sich
und flohen in den Süden.
Der hohe blaue Himmel breitete sich über den Zweigen aus
und rief den vollen Mond und die Wildgänse zu sich.
Das schwellende junge Herz trug Ideale,
an diesem Herbsttag voller Sehnsucht
verhöhnte es die Tränen des Verfalls.

20. Oktober 1935

Auf der Straße

Eine Straße im Mondlicht.
Eine Straße im Nordland,
durch die Windböen streichen.
Unter den Perlen der Stadt,
unter den elektrischen Lichtern
schwimme ich
wie ein winziger Wassermann,
der Mond und elektrische Lichter leuchten,
die zwei, drei Schatten meines Körpers
werden größer, werden kleiner.
In der Straße der Qualen,
in der Straße in grauer Nacht,
durch die mein Herz wandert,
steigt ein Windwirbel auf.
Auch wenn ich einsam bin,
heben sich die Schatten auf meinem Herzen
einer nach dem anderen,
blaue Träume
kommen auf, vergehen.

18. Januar 1935

Leben und Tod

Das Leben sang auch heute das Präludium zum Tod.
Wann wird dieses Lied enden?

Die Menschen auf der Welt –
sie tanzen zum Lied des Lebens,
das ihre Knochen schmilzt.

Bevor die Sonne unterging,
hatten die Menschen keine Zeit,
über die Angst zum Ende dieses Liedes nachzudenken.

Wer hat dieses Lied gesungen,
als hätte er mitten in den Himmel ein Ei gemalt?

Und wer hat dieses Lied beendet,
als sei ein Regenschauer vorüber gegangen?

Helden, Sieger über den Tod
sind die, die sterben und deren Gebeine übrig bleiben!

24. Dezember 1934

Eine Kerze

Ich rieche den Duft einer Kerze,
der mein Zimmer erfüllt.

Bevor der Altar des Lichts zusammenfiel,
sah ich das reine Opfer.

Seinen Körper wie die Rippen eines Lamms,
selbst sein tiefstes Inneres, sein Leben
verbrennt sie,
und Blut und Tränen rinnen wie weiße Perlen.

Aber doch flackert das Kerzenlicht auf meinem Schreibtisch
und tanzt wie eine Fee.

Wie ein Fasan, der einen Falken erspäht und flieht,
flieht die Finsternis aus meinem Fenster,
während ich den großartigen Duft des Opfers koste,
der mein Zimmer erfüllt.

24. Dezember 1934

Echo

Eine Elster krächzt,
ein Echo hallt,
niemand hört
das Echo.

Die Elster hörte
das Echo,
sie allein hörte
das Echo.

Mai 1938

Sonnenblumengesicht

Das Gesicht meiner älteren Schwester
ist wie das Gesicht einer Sonnenblume.
Sobald die Sonne aufgeht,
geht sie an die Arbeit.

Das Gesicht der Sonnenblume
ist wie das Gesicht meiner älteren Schwester.
Mit gesenktem Gesicht
kommt sie nach Hause.

Eine Grille und ich

Eine Grille und ich
unterhielten uns auf dem Rasen.

»Zirp! Zirp!«
»Zirp! Zirp!«

Wir versprachen einander, niemanden davon wissen zu lassen,
niemanden außer uns.

»Zirp! Zirp!«
»Zirp! Zirp!«

Eine Grille und ich unterhielten uns
in einer mondhellen Nacht.

Ein Säugling beim Morgengrauen

Bei uns zu Hause
gibt es nicht einmal einen Hahn.
Aber
wenn der Säugling nach Muttermilch weint,
dann graut der Morgen.

Bei uns zu Hause
gibt es nicht einmal eine Uhr.
Aber
wenn der Säugling nach Muttermilch wimmert,
dann graut der Morgen.

Sonnenlicht, Wind

Ich feuchte meinen Finger mit Speichel an
und pikse – pock, pock, pock! – drei Löcher
in die Papierkrempe am Fensterrahmen,
um meiner Mutter nachzusehen,
die zum Markt geht.
Pock, pock, pock!

Am Morgen schimmert das Sonnenlicht.

Ich feuchte meinen Finger mit Speichel an
und pikse – pock, pock, pock! – drei Löcher
in die Papierkrempe am Fensterrahmen,
um zu sehen, ob meine Mutter,
die zum Markt gegangen ist, wiederkommt.
Pock, pock,pock!

Am Abend weht ein sanfter Wind.

Leuchtende Glühwürmchen

Gehen wir, gehen wir, gehen wir,
gehen wir in den Wald!
Lasst uns in den Wald gehen,
um Stückchen des Mondes aufzusammeln!

Leuchtende Glühwürmchen in der letzten Nacht des Monats
sind Stückchen des zerbrochenen Mondes.

Gehen wir, gehen wir, gehen wir,
gehen wir in den Wald!
Lasst uns in den Wald gehen,
um Stückchen des Mondes aufzusammeln!

Beide

Das Meer ist blau,
der Himmel ist auch blau.

Das Meer ist endlos,
der Himmel ist auch endlos.

Ich werfe einen Stein ins Meer
und spucke gen Himmel.

Das Meer lächelt,
der Himmel schweigt.

Reingelegt

Tock, tock tock!
Bitte öffne die Tür!
Lass mich heute Nacht hier schlafen!
Die Nacht ist tief, das Wetter ist frostig,
wer könnte das sein?
Als ich die Tür öffne,
sehe ich den Schwanz des schwarzen Hundes,
der mich reingelegt hat.

Gacker, gacker, gacker!
Sie hat ein Ei gelegt!
Kleine, geh und hol es!
Als die Kleine hinläuft und nachsieht,
ist da kein einziges Ei.
Die alte Henne hat mich am helllichten Tag
schamlos reingelegt.

Schnee

Letzte Nacht
fiel Schnee in Hülle und Fülle.

Er scheint mir wie eine Bettdecke zu sein,
die fröstelnde Dächer
und Wege und Felder bedeckt.

So schafft er das nur im kalten Winter!

Dezember 1936

Spatzen

Nachdem der Herbst vorüber gegangen ist,
ist der Hof ein weißes Blatt Papier, auf dem die Spatzen
Schönschrift lernen.

»Piep, piep!«, diktieren ihre Schnäbel,
mit den Füßen üben sie Schönschrift.

Aber selbst wenn sie den ganzen Tag über Schönschrift lernen,
ist das Einzige, was sie können, das Schriftzeichen für »Piep!«.

Februar 1936

Schnittmuster für Strümpfe

Mutter,
wofür legst Du das Kalligrafie-Papier zurück,
das meine ältere Schwester beschrieben
und dann weggeworfen hat?

Ich kannte diese Methode nicht,
aber Mutter legte meine Strümpfe auf das Kalligrafie-Papier
und machte Schnittmuster für Strümpfe,
indem sie mit der Schere darum herumschnitt.

Mutter,
wofür legst Du die Stummel der Bleistifte zurück,
mit denen ich geschrieben und die ich dann weggeworfen habe?

Ich kannte diese Methode nicht,
aber Mutter legte die Schnittmuster für Strümpfe auf Stoff
und machte meine Strümpfe,
indem sie mit der Spitze eines Bleistiftstummels Punkte darum
markierte.

Dezember 1936

Der Brief

Ältere Schwester!
Auch diesen Winter
ist wieder reichlich Schnee gefallen.

Soll ich in einen weißen Umschlag
eine Handvoll Schnee stecken
und weder etwas schreiben
noch eine Briefmarke aufkleben?
Und Dir den Brief schicken,
so rein, wie er ist?

Denn in dem Land,
wohin Du gegangen bist,
soll es nicht schneien.

Frühling

Unser Säugling
schlummert sanft zu unseren Füßen,

die Katze schnurrt neben dem Ofen,

eine Brise streicht durch die Äste der Bäume,

die tantenhafte Sonne
strahlt mitten am Himmel.

Oktober 1936

Wovon leben sie?

Die Leute am Meer
leben vom Fisch, den sie fangen.

Die Leute in den Bergen
leben von den Kartoffeln, die sie rösten.

Die Leute im Sternenland –
wovon leben sie?

Oktober 1936

Der Schornstein

Warum steigt vom niedrigen Schornstein einer Hütte in den
Bergen
am helllichten Tag kräuselnd Rauch auf?

Ein paar junge Kerle werden Kartoffeln rösten,
sie sitzen mit blinzelnden dunklen Augen zusammen,
ihre Münder sind mit Holzkohle verschmiert,
bei jeder Kartoffel erzählen sie eine alte Geschichte.

Vom niedrigen Schornstein einer Hütte in den Bergen
steigt der sanfte Duft gerösteter Kartoffeln auf.

Herbst 1936

Regen bei Sonnenschein

Er fällt wie eine junge Frau,
sanft und sacht, der Regen bei Sonnenschein.
Lasst ihn uns alle zusammen begrüßen!
Auf dass er wie ein Maisstängel
fünf, sechs Fuß hoch wächst!
Die Sonne lacht.
Sie lacht mir zu.

Über den Himmel spannt sich eine Brücke,
ein bunt strahlender Regenbogen.
Lasst uns fröhlich singen!
Freunde, eilt herbei!
Lasst uns alle zusammen tanzen!
Die Sonne lacht.
Sie lacht vor Glück.

09. September 1936

Der Besenstiel

Schneidet man einen kleinen Streifen so ab,
wird es eine Jacke.
Schneidet man so,
wird es eine große Flinte.
Meine ältere Schwester und ich
zerschnitten das Papier mit der Schere,
weshalb meine Mutter meiner älteren Schwester und mir
je einmal mit dem Besenstiel auf den Hintern schlug,
sie meinte, der Fußboden sei schmutzig.
Nein! Nein!
Der Besen, dieser alte Bursche,
hatte keine Lust, den Fußboden zu fegen,
daher ist alles so gekommen!
Frech versteckte ich den Besen im Wandschrank,
weshalb Mutter am nächsten Morgen in Schwierigkeiten steckte,
denn der Besen war weg.

09. September 1936

Das Dachziegelpaar

An einem regnerischen Abend wird sich das Dachziegelpaar
seines einzigen, verlorenen Sohnes erinnern.
Während sie einander mit gekrümmten Rücken trösten,
weinen sie vor Traurigkeit tröpfelnde Tränen.

Das Dachziegelpaar auf dem Palastdach
wird sich nach den schönen alten Zeiten sehnen.
Während sie einander über ihre faltigen Gesichter streicheln,
starren sie zum Himmel.

Bettnässers Landkarte

An der Wäscheleine hängt
eine Landkarte, die auf eine Matratze gezeichnet wurde –
die Landkarte, die mein Bruder zeichnete,
als er letzte Nacht ins Bett gemacht hat.

Ist es eine Karte des Sternenlandes, wo Mama ist,
das er im Traum besuchte?
Ist es eine Karte der Mandschurei, wohin Papa ging,
um Geld zu verdienen?

1936

Küken

»Piep, piep, piep,
Mama, fütter uns!«,
so die Küken.

»Gluck, gluck, gluck,
ja, wartet noch ein bisschen!«,
so die Henne.

Nach einer Weile
begaben sich die Küken
alle unter die Fittiche
ihrer Mutter.

06. Januar 1936

Eine Muschelschale

Eine bunt schimmernde Muschelschale,
eine Muschelschale,
die meine Schwester am Strand gefunden hat.

Hier im Norden
sind Muschelschalen eine wertvolle Gabe,
Muschelschalen als Spielzeug.

Wir tollen spielend herum,
die eine Muschelhälfte geht verloren,
die andere vermisst sie.

Eine bunt schimmernde Muschelschale –
wie ich vermisst sie
das Rauschen des Wassers, das Rauschen des Meeres.

Dezember 1935

94

Winter

Unter der Traufe
werden knisternd
Büschel getrockneter Rettichblätter
kalt.

Auf den Weg
plumpsen
kugelige Pferdeäpfel und
gefrieren.

Turgenews Hügel

Ich überquerte den Pass ... Da kamen drei junge Bettler an mir vorbei.

Der erste Knabe hatte eine Kiepe auf dem Rücken, die Kiepe war voller Plunder: Limonadenflaschen, Suppendosen, Eisenschrott und schäbige Strumpfpaare.

Beim zweiten Knaben war es genauso.

Beim dritten Knaben war es genauso.

Ungekämmte Haare, geschwärzte Gesichter, blutunterlaufene Augen voller Tränen, farblose, blasse Lippen, zerrissene Lumpen, rissige nackte Füße –

ach, welch schreckliche Armut diese jungen Knaben verschlungen hat!

Mein Herz war von Mitleid gerührt.

Ich tastete in meinen Taschen. Der dicke Geldbeutel, die Uhr, das Taschentuch ... Alles Nötige war vorhanden.

Aber mir fehlte der Mut, die Sachen wahllos wegzugeben. Ich fingerte nur daran herum.

Um freundlich zu erscheinen, wollte ich sie ansprechen und rief ihnen ein »Hallo, Jungs!« zu.

Der erste Knabe sah sich nur kurz nach mir um und musterte mich mit blutunterlaufenen Augen.

Beim zweiten Knaben war es genauso.

Beim dritten Knaben war es genauso.

Dann, als ob sie nichts mit mir zu schaffen hätten, unterhielten sie sich flüsternd und gingen über den Pass.

Auf dem Hügel war niemand mehr.

Nur die Abenddämmerung drang dunkel heran.

September 1939

Yun Dong-ju

Yun Dong-ju wird am 30. Dezember 1917 im Dorf Myeongdong in der Mandschurei geboren, wohin seine Familie gegen Ende des 19. Jahrhunderts zog. Er und seine drei Geschwister wachsen in einem Umfeld auf, das die koreanische Sprache, klassische Bildung und christliche Werte vermittelt. Ab 1932 besucht er zusammen mit Song Mong-gyu, einem Cousin ersten Grades, die Eunjin-Mittelschule. Am 24. Dezember 1934 schreibt Yun Dong-ju sein erstes bekanntes Gedicht: »Eine Kerze«. Spätere Gedichte wird er ebenfalls datieren. 1935 besucht er schließlich die Songsil-Mittelschule in Pyeongyang, die Schule wird wegen Streitigkeiten um einen japanischen Schrein geschlossen, weshalb er nach Hause zurückkehrt und dort 1937 seine schulische Ausbildung an der Gwangmyeong-Mittelschule abschließt.

Die frühen Gedichte sind vor dem Hintergrund des Chinesisch-Japanischen Krieges und der immer strenger werdenden Kolonialherrschaft zu sehen. In »Impressionistisches Bild meines jüngeren Bruders« kommt seine Sorge hinsichtlich der Zukunft seines jüngeren Bruders zum Ausdruck. Weitere Gedichte zeigen die enge Verbundenheit mit seiner Heimat.

Yun Dong-ju studiert ab April 1938 am missionarisch geprägten Yeonhui-College, der heutigen Yeonse-Universität, in Gyeong-seong (heute Seoul). Er teilt sich während dieser Zeit ein Wohnheimzimmer mit seinem Cousin. Es entstehen Gedichte wie »Ein neuer Weg«, in denen Yun Dong-ju über sich selbst reflektiert und sich Fragen über seinen künftigen Lebensweg stellt. Er liest Werke von Francis Jammes und Rainer Maria Rilke und studiert die englische Sprache. Seine eigenen Gedichte sollen in einer einfachen, aber poetischen Sprache verfasst sein, die jeder verstehen kann.

»Himmel, Wind, Sterne und Poesie«, eine Sammlung von neunzehn Gedichten, hätte zur Feier seines Studienabschlusses am Yeonhui-College der erste Gedichtband von Yun Dong-ju werden sollen. Da jedoch unter der japanischen Kolonialherrschaft Veröffentlichungen in koreanischer Sprache verboten waren, nahm er auf Anraten seines Umfeldes von diesem Vorhaben Abstand. Er erstellte drei handschriftliche Exemplare, eines für sich selbst, die anderen für seinen Lehrer I Yang-ha sowie für seinen Freund und Kommilitonen Jeong Byeon-gug, dessen Exemplar als einziges überdauerte.

Im Februar 1942 zieht Yun Dong-ju nach Japan, um in Tokyo an der Rikkyo-Universität Englisch zu studieren. Zu dieser Zeit entstehen seine letzten Gedichte, darunter »Ein Gedicht, das mir zuflog« über das Leben des Studenten in einem Land fern der Heimat. Bereits nach einem Semester wechselt Yun Dong-ju nach einem kurzen Aufenthalt in Korea nach Kyoto an die Doshisha-Universität. Er steht auch dort in engem Kontakt zu seinem Cousin Song Mong-gyu, der auch in Kyoto studiert. Sie tauschen ihre Ansichten über die politische Lage in Japan und im besetzten Korea aus. Im Juli 1943 werden beide wegen Störung der öffentlichen Ordnung verhaftet, dann vom Bezirksgericht in Kyoto aufgrund antijapanischer Aktivitäten zu zwei Jahren Haft verurteilt und ins Gefängnis nach Fukuoka überstellt. Yun Dong-ju stirbt dort unter ungeklärten Umständen am 16. Februar 1945, Song Mong-gyu wenige Wochen später. Yun Dong-ju wird in seiner Heimat bestattet.

Eine erste Version von »Himmel, Wind, Sterne und Poesie« wird 1948 veröffentlicht. Für diese Ausgabe haben Freunde und Familie einunddreißig Gedichte zusammengetragen. 1955 erscheint eine erweiterte Ausgabe mit neunundachtzig Gedichten und vier Stücken Kurzprosa, die weiteren Gedichte stammen aus Aufzeichnungen aus der Mittelschule, die Yun Dong-jus jüngere Schwester aus der Heimat nach Seoul brachte.

»Vorgedicht«, »Sterne zählen in der Nacht« und »Ein Gedicht, das mir zuflog« zählen heute zu den bekanntesten Werken der koreanischen Dichtung. Yun Dong-ju ist einer der beliebtesten

Dichter Koreas. Er wird als einer der führenden Intellektuellen gegen Ende der japanischen Kolonialisierung angesehen, aber seine Gedichte stellen sich nicht explizit gegen die japanische Herrschaft auf der koreanischen Halbinsel, sie basieren auf Selbstreflexion und Empathie zu seinen Mitmenschen. Die frühen Gedichte vertreten oft eine kindliche Sicht auf die Dinge, später konzentrieren sich seine Werke auf das innere Ich und die eigenen Erfahrungen als Intellektueller, dem die koreanische Sprache und Kultur nur im privatesten Bereich zugestanden werden.

Inhalt